Ich widme dieses Buch den couragierten Männern
des Vereins WHITE RIBBON
einer Männerinitiative gegen Gewalt
www.whiteribbon.at

MÄNNERCOACHING

Ermutigende Ziele für neugierige Männer

Peter Jedlicka

Published 2009 by LULU.com

ISBN Nr. 978-1-4452-5173-8

LIEBER LESER,

vermutlich haben Sie dieses Buch zur Hand genommen weil Sie etwas in Ihrem Leben verändern wollen.

Aber ich mache es den Männern, die in meine Praxis kommen nicht leicht: ich hinterfrage zunächst sehr Grundsätzliches in ihrem Leben – als Mann und als Mensch – und nicht alle können damit umgehen.

Denn es gibt einen Argumentationsrahmen im Gespräch mit Männern, der für mich unabdingbar dafür ist, fokussiert auf die eigentlichen Konflikte in einem Männerleben zuzugehen.

Wenn Ihnen also gleich das erste Kapitel nicht zusagt, weil es Sie verunsichert oder verärgert, dann ist das nicht das richtige Buch für Sie.

Wenn Sie jedoch mit männlicher Verunsicherung umgehen können und interessiert sind, jene Bedürfnisse zu erkunden, die meist hinter einer vagen Unzufriedenheit stecken, dann lade ich Sie ein, auch die restlichen Texte in diesem Buch zu lesen.

Peter Jedlicka

DAS ENDE DER MÄNNLICHKEIT

„Das Ende der Männlichkeit“. Verunsichert Sie dieser Satz?

Auch dann noch, wenn ich Ihnen versichere, dass es nicht um das Ende der biologischen Männlichkeit geht?

Wenn ich also lediglich vom Verhalten der Männer spreche, nicht von ihren Geschlechtsteilen?

Ja, ich stelle hier die Behauptung auf, dass es einen einheitlichen Standard für männliches Verhalten nicht mehr gibt. Und ich erkläre Ihnen im folgenden auch, warum:

DAS BUS-EXPERIMENT

Wenn Sie heute in einem Bus durch Ihre Stadt fahren, werden Sie höchstwahrscheinlich verschiedene Männertypen beobachten können:

Da sitzt vielleicht ein Bauarbeiter in der dunkelblauen Latzhose, ein adretter Büroangestellter im Anzug, daneben steht vielleicht ein Student mit Dreadlocks und ein südländisch aussehender älterer Mann in einem Sakko. Weiter hinten vielleicht ein kahlgeschorener junger Mann mit Bomberjacke und mit Springerstiefeln, irgendwann steigt vielleicht ein Mann mit Tennisschlägern ein, der einen Trainingsanzug anhat.

Dann kommt noch ein langhaariger Schüler dazu, der sich mit einem anderen Jungen unterhält, der ein Skateboard hält und „Baggy Pants" (die übergroßen Jeans, die so tief getragen werden, dass man die Unterhose noch sieht) anhat – und einen Haarschnitt trägt, hinter dem man offensichtlich nicht leicht hervorblicken kann. Ab und zu vielleicht ein perfekt gekleideter Managertyp, der in seinem Smartphone Emails checkt. Oder auch ein recht ungepflegter Mann, der wahrscheinlich obdachlos ist. Als Zugabe vielleicht noch ein Jugendlicher mit Kurzhaarschnitt, der die Techno Beats aus seinem MP3 Player den ganzen Bus mithören lässt – und ganz vorne ist jetzt noch ein Biker-Typ in schwarzer Lederkluft eingestiegen.

Ich bin mir fast sicher, dass Sie nicht auf jeden dieser Männer zugehen würden mit der freudigen Einladung „Gehen wir doch auf ein Bier – wir sind doch beide Männer – wir haben uns sicher einiges zu erzählen!"

Für mich persönlich kann ich das jedenfalls für den Mann in der Bomberjacke ausschließen, und ich hätte auch Hemmungen, einige andere dieser Männer freundlich anzusprechen.

Warum erwähne ich diese Alltagsbeobachtung? Weil uns Männern in den Medien – vor allem in der Ratgeberliteratur und den Berichten darüber im Fernsehen, im Radio und in Zeitschriften – von „den Männern" erzählt wird, als ob wir alle gleich wären.

Unsere Alltagserfahrung zeigt jedoch offensichtlich: Wir sind ziemlich unterschiedlich. Viele Männer sind uns unsympathisch, manche Männertypen hassen wir sogar. Von allgemeiner Verbrüderung unter der Überschrift „Wir Männer halten zusammen" also keine Spur!

DIE SOZIALWISSENSCHAFTLICHE THEORIE DER MÄNNLICHKEITEN

Unter den vielen „neuen wissenschaftlichen Erkentnissen“, die täglich recht bunt unter die Schlagzeilen der Tageszeitungen und Nachrichtensendungen gemischt werden, hat leider eine langjährige sozialwissenschaftliche Theorie bis jetzt fast keinen Niederschlag in der „Ratgeberliteratur“ gefunden:

Die Theorie der vielfältigen Männlichkeiten, die mit Büchern des australischen Soziologen Robert Raewyn Connell bereits in den Achzigerjahren begann. Connell und viele andere Forschende aus der Ethnologie hatten aus Beobachtungen auf der ganzen Welt die Aussage entwickelt, dass Männer sich in unterschiedlichen Ländern und auf unterschiedlichen Kontinenten sich unterschiedlich verhalten.

„Die eine Männlichkeit“, auf die uns auch in der Werbung immer wieder „Lust“ gemacht wird, gibt es also gar nicht!

Ergänzt wurden die sozialwissenschaftlichen Theorien durch die Geschichtswissenschaft, die zu berichten wusste, dass sich auch historisch gesehen Männer in unterschiedlichen Epochen und Kulturen recht unterschiedlich verhielten.

DIE GLOBALISIERUNG DER MEDIEN

Wie unterschiedlich sich Männer auf der ganzen Welt in der Gegenwart verhalten, können wir vor allem durch die Globalisierung der Medien beobachten:

Satellitenfernsehsender bringen uns genauso Volkstänzer aus China ins Wohnzimmer wie japanische Unterhaltungsshows, die wir zwar meist nicht verstehen, die uns aber manchmal recht seltsam vorkommen. Auf Video-Internetportalen wie Youtube buhlen Männer aus der ganzen Welt um Aufmerksamkeit – mit allen Mitteln: Wenn dann etwa ein Mann in rosa Windeln durch eine Wüste stapft könnte es sein, dass er damit Berühmtheit erlangt – und einen dicken Werbevertrag.

Wir sehen im Internet schrille und konservative, brutale und friedliche, laute und meditative, kreative und destruktive, ökologische und nachlässige, familiäre und einsame, arme und reiche Männer (und diese Liste ließe sich noch fortsetzen).

Und wer nach einem derartigen „internationalen Surfen" noch immer der Meinung ist „Ganz klar – typisch männlich", der hat vielleicht die Augen nicht offen genug gehabt.

WAS IST *WIRKLICH* IHR THEMA?

Da ich mich viel mit der sozialwissenschaftlichen Literatur der „Männlichkeiten" befasse, die ich soeben beschrieben habe, werde ich immer wieder hellhörig, wenn mir ein Klient von „Problemen mit seiner Männlichkeit" berichtet, oder er befürchtet (ihm vermittelt worden ist) er sei „nicht männlich genug".

Nicht selten stellt sich dann heraus, dass es sich um das Thema Unsicherheit dreht. Jedoch: *Niemand* ist gerne unsicher, weder Männer noch Frauen - es ist also kein Männerthema, sondern ein *menschliches* Thema!

Oft steht hinter dem Männlichkeitsthema auch eine unbefriedigende Beziehung zu einer Frau - oder das Leben als Single: aber nicht alle Frauen wollen das gleiche, also geht es hier wieder nicht um ein Männerthema, sondern um Themen wie Attraktivität, oder Kommunikation und die Abstimmung unterschiedlicher Bedürfnisse.

„Reden Sie also Tacheles" würde ich manchmal gerne solchen Klienten sagen, wie es in Wien immer wieder üblich ist, formuliere es jedoch natürlich professioneller:

„Was ist *wirklich* ihr Thema?"

Ich möchte Sie mit den folgenden Texten ermutigen, „ihr Thema“ von Männlichkeitsklischees zu befreien – um Veränderungen ohne Umwege in Angriff nehmen zu können.

MÄNNLICHE GESPRÄCHSPARTNER FINDEN

Wenn es also um die „Dekonstruktion von Männlichkeitsklischees" geht, wie das wohl im soziologischen Fachjargon meist formuliert wird, dann tun männliche Gesprächspartner gut.

Ich möchte Sie also auch ermutigen, sich auf die Suche nach anderen Männern (oder einem anderen Mann) zu begeben, mit denen Sie offen über die Themen reden können, die Sie beschäftigen, und mit denen Sie gemeinsam ihre Biographien (das individuelle Aufwachsen) erforschen können:

„Wie war das bei Dir in Deiner Jugend?" wird eine wichtige Frage sein und „Geht es dir da anders?".

Ich weiß absolut, dass es nicht leicht ist, unter Männern frei von Konkurrenz zu sprechen, aber versuchen Sie es.

Der Satz „Ich lese da gerade ein Männercoaching Buch – und da tauchen Themen auf die ich gerne einmal mit einem andern Mann diskutieren würde" kann ein Einstieg in eine neue Männerfreundschaft sein!

ERFOLG

Für viele Männer bedeutet Erfolg
„jedenfalls hinauf in der Hierarchie“
und „jedenfalls ein besseres Gehalt“.

Fehlende Kategorien sind oft
„Ich möchte meine Fähigkeiten dort einsetzen
wo sie optimal verwertbar sind.
Nicht nur für meinen finanziellen Bonus
sondern auch zum Wohl der Gemeinschaft“

Und wer die Kategorien
„Zeit für eine Partnerin haben“
und „Zeit für Kinder haben“
aus seinem Karrierebegriff exkludiert
riskiert, alleine dazustehen.

GELD

Der dicke Mercedes (oder der schnelle Sportwagen)
das Haus am Land
vielleicht sogar am Meer
sind oft der Fokus der Männerträume von beruflichem Erfolg.

Aber:
Wieviel Euro braucht ein Mensch
um zufrieden leben zu können?
Wieviele Quadratmeter Raum,
um bequem wohnen zu können?

Antworten auf diese Fragen sind wichtig
um nicht permanent unzufrieden zu sein.

Ebenso wie die "ökologische" Frage:
Wie viel nehmen Menschen, die
„so viel mehr wollen“ als die anderen
den anderen weg – und der Natur?

ERFOLG ALS SEHNSUCHT

Und wenn hinter Ihrem Wunsch
einmal „reich und mächtig zu sein"
die geheime Sehnsucht steht
die Gunst einer attraktiven Frau zu erringen,
dann gestehen Sie sich auch das zunächst einmal ein.

Denn dann muss ein Mann sich auch fragen
ob er aufgrund seines Geldes begehrt werden will
oder aufgrund seiner selbst.

Genauso ist es mit der Sehnsucht, durch Erfolg
„endlich einmal Anerkennung zu erlangen"
die ein Mann vielleicht als Kind nicht bekommen hat.

Für beide Formen der Sehnsucht gilt:
Das Risiko besteht in den leeren Kilometern
in eine falsche Richtung.

Und auch hier heißt meine Empfehlung:
Das Gespräch suchen!
Mit Frauen – und mit den eigenen Eltern.

LEBENSZEIT

Männer müssen – wenn die Dinge so bleiben
wie sie zum Zeitpunkt sind, als ich dieses Buch schreibe
bis Mitte Sechzig arbeiten.

Eine lange Zeit, die sich verkürzen lässt:
Durch einen Teilzeit Job.

Entweder in jener Lebensphase, in der man
kein Geld mehr für die eigene Familie braucht
oder gleich von Beginn der Berufskarriere an
wo man noch nicht in der „Haus Auto Urlaub" Mühle
drinhängt.

Denn so lange es Ungerechtigkeiten in der Verteilung
der Erwerbsarbeit gibt
zwischen Arbeitslosen und Arbeitenden
und zwischen Männern und Frauen
ist dieser Teilzeitarbeits-Lebensentwurf
nicht nur komfortabel
sondern auch gesellschaftlich wichtig.

ARBEITSLOSIGKEIT

Wer arbeitslos ist
und bereits alles versucht hat
der sollte nicht aus einem männlichen Stolz heraus
alle Hilfsangebote ablehnen.

Gleichzeitig geht es darum
Perspektiven zu entwickeln
die nichts mit der „normalen“ Erwerbsarbeit zu tun haben:

Das kann ehrenamtliches Engagement sein,
Mithilfe in der eigenen Familie
Ein langsameres und deshalb ökologischeres Leben
oder ein kreatives Hobby.

Nicht selten wird aus diesen Dingen
„ein eigenes Projekt“
aus dem sich neue berufliche Perspektiven ergeben können.

Bloß weil ein Mann nicht im Erwerbsleben steht
heißt das nicht, dass es nicht wichtige Aufgaben in
dieser Gesellschaft für ihn gibt.

GLEICHBERECHTIGUNG

Wenn Sie ein Mann sind,
dem Gerechtigkeit wichtig ist,
dann müssen Sie auch für die Chancengleichheit
von Frauen sein.

Aber wenn Sie lieber auf „Emanzen" schimpfen,
weil Sie eine problematische Scheidung hinter sich haben
oder andere Enttäuschungen mit Frauen erlebt haben
dann vergessen Sie bitte auch die Begriffe
„Männliche Logik" oder „sachliche Diskussion".

Denn dann können Sie offensichtlich nicht unterscheiden
zwischen persönlichen Erlebnissen
und gesellschaftlichen Notwendigkeiten.

Denn auch im Fußball wird keine Mannschaft ausgeschlossen
bloß weil sie fünfmal über Ihre Lieblingsmannschaft gesiegt hat.
Auch wenn Sie sich das in der ersten Wut oft gewünscht haben.

VERLIEBTHEIT

Erstaunlich ist für mich noch immer
dass Männer von Verliebtheit sprechen
wo es eindeutig nur um Begehren geht.

Wenn dann die „enttäuschte Liebe“ beschrieben wird
verschleiert dieser Mann
dass er eine Sehnsucht in sich getragen hat
die bei der betreffenden Frau offensichtlich keine ähnliche
Sehnsucht ausgelöst hat.

Hier ist Enttäuschung und Niedergeschlagenheit durchaus
angebracht.

Wut jedoch nicht.

SCHÖNE FRAUEN

Erstaunlich ist für mich,
wie viele Männer sich nach einer „schönen Frau"
oder einer „schöneren Frau" umsehen
ohne einen realistischen Blick
auf die eigene körperliche Attraktivität.

In längeren Gesprächen
stellt sich dann heraus
dass diese Männer möglicherweise keinerlei Freundschaften
haben, die so vertrauensvoll sind
dass sie auch die Anmerkung
„so toll siehst du auch wieder nicht aus" erlauben.

Und keinerlei intensiveren Gesprächskontakt zu Frauen.

Wenn dann die Sehnsucht nach einer Frau
in Wirklichkeit die Sehnsucht nach einer Universallösung
des Problems der eigenen Einsamkeit und Isolation darstellt
dann müssen hier zuerst Äpfel von Birnen getrennt werden.

SEXUELLE WÜNSCHE

Ich vermute, dass ein Großteil der sexuellen Wünsche
die Männer in sich tragen fremdbestimmt sind
vor allem durch die Medien.

Wer täglich nur schöne Menschen
im Fernsehen sieht
und auf den Titelblättern der Illustrierten
und wer sich die „Sex Kolumnen“ durchliest
mit denen Zeitschriften ihre Auflagen erhöhen wollen
der kann schon das Gefühl verlieren für Fragen wie:

„Wie oft bin ich wirklich sexuell erregt?“
„Habe ich so etwas schon einmal selbst erlebt?“
„Hat das ein Freund oder eine Freundin schon einmal erlebt?“
„Wie oft schlafen Menschen miteinander, die ich wirklich
selbst kenne?“

Wer die Kraft hat, den Fernseher öfter ausgeschaltet zu lassen
kann diese Zeit auch dafür nützen, abendliche ehrliche
Gespräche über reale Sexualität zu suchen (wobei natürlich
sehr behutsam vorzugehen ist).

Sehr aufschlussreich kann es auch sein, sich mit dem Begriff "Lookism" auseinanderzusetzen - über den bereits einiges im Internet zu finden ist.

SEXUALITÄT ALS VENTIL

Sowohl die sexuellen Phantasien der Männer
als auch die Pornographie
(auf die ich später noch zu sprechen komme)
stellen heute oft die einzige Form der Ekstase dar
die sich Männer erlauben.

Männer verbieten sich meist
zu tanzen, laut zu singen und zu lachen,
einfach "auszuflippen".

Die letzten Refugien dafür sind oft
der Vollrausch, der Fußballplatz
und die Diskothek.

Wem das alles nicht zusagt - und wer
generell ein stiller, beherrschter Mann ist
projiziert vieles von den inneren Leidenschaften
die im Alltag nicht ekstatisch ans Tageslicht können
in sexuelle Phantasien.

Ich sage nicht, dass es leicht ist,

andere Formen des Auslebens der Ekstase zu finden.

Aber die Perspektive auf die eigene sexuelle Befindlichkeit kann sich verändern,
wenn man auch über diese nicht-sexuelle Ebene nachdenkt.

ENTHALTSAMKEIT

Wir leben in einer Zeit
in der es für viele Männer zum Selbstverständnis gehört
unbedingt Sex haben zu müssen.

Wer jedoch das Interesse aufbringt
sich mit der Geschichte der Sexualität zu befassen
erkennt bald
dass noch zu Anfang des zwanzigsten Jahrhunderts
(und wahrscheinlich die Jahrhunderte davor)
ein Großteil der Menschen keine Familien gründen konnten
und enthaltsam lebte.

Die Vorstellung, eine Partnerin oder eine Familie zu haben
ist also historisch gesehen recht neu
und deshalb muss deren „Natürlichkeit“ bezweifelt werden.

Das kann jene Männer beruhigen
die längere Zeit Single sind
oder sexlos leben.

„Es“ muss nicht „heraus“.

Und: „Mann muss es nicht tun".

Schon gar nicht gegen Geld
weil die Prostitution noch immer ein Thema ist
das stark mit Gewalt an Frauen zu tun hat.

Ein entspannter Umgang mit Selbstbefriedigung
ist die richtigere Antwort.

PORNOGRAPHIE

Wer Pornofilme ansieht merkt recht bald:
Hier werden Szenen dargestellt,
die man in der „real erlebten Sexualität" nicht erlebt hat
und die den agierenden Frauen offensichtlich unangenehm
sind.

Es sind also Märchenfilme für Männer
in denen die Erniedrigung von Frauen
eine große Rolle spielt.

Wer als Mann den Mut hat
selbstkritisch über seinen Pornokonsum nachzudenken
könnte entdecken
dass er sich sexuelle Praktiken zu wünschen beginnt
die er sich nicht wünschte, bevor er Pornos sah.

So wie die Werbung funktioniert,
die in uns Sehnsüchte nach Cabrios, Riesenfernsehern und
Fernreisen erzeugt
auch wenn wir bisher ohne diese Dinge sehr gut
ausgekommen sind,

so schafft es die Pornographie
uns sexuell unzufrieden zu machen.

Ein Kreislauf, der zum diffusen Hass auf Frauen führen kann.

Wenn Sie als Mann regelmäßig Pornos ansehen
sollten Sie sich auch mit den Themen Einsamkeit,
Langeweile und Minderwertigkeitsgefühle auseinandersetzen.

Mein Kollege Mario Brocallo hat dazu einen wunderbaren
Ratgeber*) geschrieben.

*) Den "PSratgeber" - Verlag www.ebooks.eu.tf

SEXUALITÄT ALS ERSATZPHANTASIE

Bei so manchem Mann
dessen Thema eine unerfüllte Sexualität ist
wurde bald klar:

Diese Männer fühlen sich generell einsam
und haben auch wenig "richtige" Freunde.

Die sexuellen Wünsche und Phantasien
sind daher auch Ersatz für die Sehnsucht
nach Geborgenheit und Wärme
in einer Familie oder in einer Gemeinschaft.

Der erste Schritt aus dem "ewigen Sex-Thema"
kann daher auch in der Suche nach einer (neuen)
Clique oder nach neuen Freunden bestehen.

(Treffs von Freizeitrunden werden immer wieder im Internet
inseriert - derzeit z.B. auf www.groops.de).

ATTRAKTIVITÄT

Hinter dem Satz „Ich fühle mich nicht männlich genug“
steckt oft die Aussage: „Ich fühle mich nicht attraktiv genug“
(um eine Partnerin zu finden).

In Wirklichkeit geht es hier also
vor allem um Körperliches:
Um optische Attraktivität, um ein gutes Styling.

Jene Männer, die sich dann hinter der diffusen Suche nach
„mehr Männlichkeit“ verstecken
geraten in die Gefahr, klischeehaften Männlichkeits-Ratgebern
auf den Leim zu gehen
anstatt den direkten Kontakt zur „Zielgruppe“ Frau zu suchen
mit der Frage:
„Was ist denn deine Vorstellung von attraktiven Mann?“

Eine Menge Antworten darauf lassen sich übrigens auch in
den Single-Profilen von Frauen im Internet finden,
wo freimütig in die Kategorie „Mein Traummann sollte ...“
eingetragen wird.

(Leider sind diese Wünsche – wie so vieles im Internet – oft recht verkürzt und ersetzen nicht reale Gespräche mit Frauen).

MIT FRAUEN INS GESPRÄCH KOMMEN

Viele Männer gefallen sich in der Rolle
des Witze- und Geschichtenerzählers,
und viele Männer legen sich „Aufreißsprüche“ zurecht.

Der Königsweg zum Gespräch mit einer Frau
ist jedoch meiner Ansicht nach zunächst die Beobachtung:
Was interessiert dieser Frau offensichtlich
was strahlt sie von ihrer Kleidung und ihrer Gestik aus?

Und das Fragen stellen.

Und umgekehrt wird eine Frau vor allem dann
ein Gespräch fortführen,
wenn der betreffende Mann bereit ist,
auf ernste Fragen nicht nur flapsig und „cool“ zu antworten,
sondern ehrlich.

Die angelernten männlichen Rollen des „Alleinunterhalters“
und des „großen Schweigers“ könnten sich also als
kontraproduktiv herausstellen.

MÄNNERSEMINARE

Wenn Sie – auf der Suche nach „mehr Männlichkeit“
(hinter der wahrscheinlich der simple Wunsch nach
mehr Selbstsicherheit stand – ein Wunsch, den auch
Frauen haben)
bereits in einem „Männerseminar“ waren
(und es gibt auch eine Menge Kurse zum Thema „Mehr
Selbstbewusstsein als Frau“)
dann haben Sie dort wahrscheinlich eine
schöne Erfahrung gemacht:

Sie sind dort schneller mit anderen Männern auf eine offene
Gesprächsebene gekommen, als dies im Alltag der Fall ist.

Ansonsten hoffe ich
dass Sie dort nicht viel Geld ausgegeben haben
um Ihnen alten Wein in neuen Schläuchen servieren zu lassen:

Die Geschichten von den archaischen Männerbildern
den Mythen der Männlichkeit
oder sogar eine „männliche Initiation“.

Denn das Mittelalter (auf das alte Mythen oft zurückgehen)
war eine dunkle und brutale Epoche
in der keiner von uns mehr leben möchte.
Wieso sollten wir also Empfehlungen aus dieser Zeit
als zielführend feiern?

Und jene Völker im tropischen Wald
bei denen noch männliche Initiationsriten durchgeführt werden
können doch keinen Vorbildcharakter für zivilisierte Menschen sein!

Wenn Sie sich jedoch mit einer Philosophie angefreundet haben die da lautet
„Das Alte muss auch das Gute und Richtige sein"
und die in Esoterikkreisen sehr beliebt ist,
müssten Sie dann nicht auch für die Wiedereinführung der Hexenverbrennung sein? Oder der Genitalverstümmelung von Frauen? Beides alte Bräuche, einer davon praktiziert von „Urvölkern, die noch alte Wahrheiten pflegen".

Ich bitte Sie: Wachen Sie auf!

Wenn Sie selbst nicht in einer Buschhütte leben wollen, dann picken Sie nicht einzelne Bräuche der so lebenden Menschen als „vorbildlich“ heraus.

Und wenn Sie ein Seminar besucht haben, in denen von Königen, Kriegern, Magiern und Liebhabern die Rede war:

Gott sei Dank muss heute nicht jeder Mann ein Krieger sein. Die Friedenspolitik in Europa hat uns zu einem Kontinent gemacht, in dem der Lebensstandard international sehr hoch ist.

Lassen Sie sich nicht alte Klischees (teuer) verkaufen
die uns moderne Männer wieder in ein altes
Männlichkeitskorsett einschnüren wollen!

BIOGRAPHIEARBEIT MIT MÄNNERN

Wer andere Seminaranbieter kritisiert, muss vielleicht auch Alternativen vorschlagen.

Hier nur so viel:

Ich erarbeite derzeit mit einem Männerteam Seminare für Männer, die stark auf biographische Arbeit fokussieren:

Im Erinnern – das teilweise alleine, teilweise in der Gruppe, und oft auch schriftlich passiert – werden nicht nur Gemeinsamkeiten, sondern auch die Unterschiede in der männlichen Sozialisation (in der Erziehung zum Mannsein) entdeckt.

Diese Methode - die im Gender Bereich durch Frigga Haug eingeführt wurde - entlarvt Männlichkeitsklischees, unter denen Männer leiden, weil sie nur vermutet haben, dass sie für alle gelten, aber andere Männer nie danach gefragt haben.

MACHT

Ein zweites Thema, das sich hinter der diffusen Befürchtung
„nicht männlich genug zu sein“ verbirgt
ist das Thema Macht.

Obwohl viele Männer im Berufs- und Wirtschaftsleben
in Machtpositionen sind
können sich diese Männer subjektiv in einer Zweierbeziehung
„machtlos“ fühlen
oder in einer Situation, in der sie eigene Wünsche nicht
realisieren können.

Nicht selten ist dieses subjektive Gefühl eines Ungleichgewichtes zwischen der Partnerin und einem selbst in der kommunikativen Stärke der jeweiligen Frau begründet:

Frauen können öfter besser formulieren, was sie im Privatleben möchten – und sie greifen dabei oft auch auf den Erfahrungsschatz ihrer Freundinnen zurück, mit denen sie sich regelmäßig austauschen.

Männern, die sich in ihrer Zweierbeziehung in einer Frustrationsspirale zu verfangen drohen, möchte ich empfehlen:

Versuchen Sie, möglichst exakt zu formulieren,
was Sie sich von Ihrer Frau wünschen.

Es nützt nichts, diffusen Groll auf diese oder jene Verhaltensweise mit sich herumzutragen oder die „Wenn Sie nur ... wäre“ Sätze im Kopf kreisen zu lassen
wenn man kein einziges Mal klar gesagt hat
was man konkret lieber am nächsten Wochenende unternehmen würde
anstatt die Schwiegermutter zu besuchen.

Schwieriger wird die Sache natürlich
wenn es um sexuelle Themen geht.
Doch dafür gibt es eine Menge
Partner- und Familienberatungsstellen.

Und die beißen nicht.
Auch Männer nicht.

SPIRITUELLE SUCHE UND ESOTERIK

Ich führe gleich hier das Thema professionelle Beratung und Psychotherapie weiter, weil ich unter meinen Klienten ab und zu Männer habe, die den Satz „Ich bin auf spiritueller Suche“ verwenden.

Nach längeren Gesprächen wir hier meist klar
dass es ein wichtiges Thema im Leben dieser Männer gibt
das nicht selten mit Sexualität zu tun hat
mit dem Singledasein oder mit einer chronischen Krankheit.

Hinter der oft auch „esoterisch“ orientierten Suche stecken also ganz profane Themen – die von einer so großen Angst überlagert werden, dass die betreffenden Männer es strikt ablehnen, einen Psychotherapeuten oder eine professionelle Beratungsstelle aufzusuchen.

Ich kann hier nicht mehr dazu sagen als:

Nur Mut! Die Wahrheit kann sehr spannend sein!
Und: Warum zum Schmidl gehen, wenn der Schmid

(im Telefonbuch in der Rubrik „Beratungsstelle“ zu finden) nicht weit ist und oft sogar nichts kostet (wenn es sich z.B. um eine staatlich geförderte Beratungsstelle handelt).

Ach ja, und fast hätte ich es vergessen:

Es gibt auch immer mehr Männerberatungsstellen,
die sich dem Prinzip des „von Mann zu Mann“
widmen, in dem oft noch vertrauensvollere
Therapie und Beratung möglich ist.

MÄNNLICHE STÄRKE?

Wir leben hier in Mitteleuropa in einer Dienstleistungsgesellschaft – und die meisten Männer haben Jobs in Büros, in denen körperliche Stärke nicht mehr notwendig ist.

Wenn also in meiner Coachingpraxis ein Mann das Thema Stärke anspricht, so meint er dabei (in den selteneren Fällen) seine eigene körperliche Attraktivität – oder ein subjektives Gefühl der Stärke.

Zur körperlichen Stärke ist zu sagen: Wer darauf hofft, durch gut sichtbare Muskeln das Interesse von Frauen zu erwecken, könnte damit auch auf ein völlig falsches Pferd setzten:

Studien haben nämlich ergeben, dass Muskeln zwar in früheren Epochen einer Frau Sicherheit vermitteln konnten, in unserer doch recht friedlichen Gesellschaft zunehmend als bedrohlich wahrgenommen werden:

Anstelle des Satzes „Dieser Mann wird mich sicher beschützen“ tritt nämlich dann die Befürchtung:

„Dieser Mann wirkt bedrohlich auf mich – wenn ich alleine mit ihm wäre, könnte er mich mühelos überwältigen".

Aber viel öfter geht es ja um das subjektive Gefühl "stärker sein zu wollen" im Sinn von souveräner, und das – wie sich meist herausstellt – in bestimmten Situationen.

Da ich kein Psychotherapeut bin, kann ich hier nur empfehlen, das Buch „Gewaltfreie Kommunikation" von Marshall B. Rosenberg zu lesen, in dem sehr präzise erklärt wird, wie man den eigenen konkreten Bedürfnissen auf die Spur kommt.

Denn hinter dem Wunsch in bestimmten Situationen ein Gefühl der Stärke zu behalten, geht es meist um den Wunsch, ein bestimmtes Bedürfnis zu befriedigen – und um Kommunikation (nicht um ein Stärkegefühl, das man still mit sich herumträgt).

Wenn Sie als Mann diese Stärke vor allem in Situationen in Ihrer Zweierbeziehung vermissen, dann möchte ich Sie wie bereits zuvor zu einer Paartherapie ermutigen.

Wenn Ihre Frau das ablehnt, kann auch eine Einzeltherapie helfen herauszufinden, was Sie wirklich wollen, und ob Sie die Erfüllung Ihrer Wünsche wirklich nur Ihrer Frau aufbürden müssen (oder nicht auch selbst für Ihr Wohlbefinden sorgen können).

Denken Sie also darüber nach, ob Sie Ihren „Wunsch nach Stärke" nicht präzisieren können – um eine der hier vorgeschlagenen Strategien zu wählen.

(Das Buch von M.B. Rosenberg empfehle ich Ihnen aber in jedem Fall – es ist für mich eines der wichtigsten Bücher für ein befriedigendes Zusammenleben von Menschen!)

MÄNNLICHE AGGRESSION?

Wenn Sie oft eine innere Unruhe
oder eine innere Wut spüren
vielleicht ganz bestimmten Menschen gegenüber
dann vermeiden Sie es, sich mit der Vermutung
einer „natürlichen männlichen Aggression“ abspeisen
zu lassen.

Sie verspielen damit die Chance
Bedürfnisse zu entdecken, die hinter ihrem
Unwohlsein stecken
und die Sie erfüllen könnten
wenn sie die destruktiven Gedanken in
das aktive Hinarbeiten auf Ihre Ziele umleiten.

Wir alle kennen etwa die Situation,
dass über Prominente geschimpft wird.
Aber wer ehrlich ist muss zugeben:
Eigentlich beneiden wir sie,
wenn sie im Rampenlicht stehen
und offensichtlich von Reichtum und schönen Menschen
umgeben sind - und würden gerne sein wie sie.

Konkreter ist eine Aggression natürlich, wenn bestimmte andere Menschen die eigene Freiheit einschränken: im Berufs- oder im Privatleben.

Ganz wo anders liegt der Hund begraben,
wenn die innere Unzufriedenheit aus der Erfahrung
der Benachteiligung entsteht, die man stillschweigend erträgt.

Diese oft ruhigen Männer, die immer bescheiden auftreten und nirgends anecken wollen, müssen sich dann ein Herz fassen, auszusprechen, was sie in ihrem diskriminierenden Umfeld einfordern wollen.

Mit Hilfe eines Coaches können solche Forderungen so sachlich vorgebracht werden, dass sie tatsächlich produktive Kraft entwickeln, anstatt durch einen wütenden Auftritt Zukunftschancen vereiteln.

BEWEGUNG

Eine ganz simple Erklärung für eine innere Unruhe
kann auch der Mangel an Bewegung sein
der vielen Männern in ihren Bürojobs
auferlegt wird.

Wer nach Dienstschluss dann gleich
ins Auto steigt und bis vor die eigene Haustür fährt
macht definitiv zu wenig Bewegung
wenn er es nicht durch Sport ausgleicht.

Ich habe so manchen Klienten ersucht herauszufinden,
ob es nicht eine nette Radroute zu seinem Job gibt
oder ob er (das geht bis maximal 4 Kilometer recht gut)
nicht immer wieder zu Fuß (oder mit Nordic Walking Stöcken)
in die Arbeit gehen könnte.

Egal, was Sie machen:

Bewegen Sie sich – und so manches andere in Ihren Gedanken
und in Ihrer Gefühlswelt wird in Bewegung kommen!

GEWALTPRÄVENTION

Könnten Sie in eine Situation kommen
in denen Sie jemand anderen körperlich attackieren?

Ich hätte diese Frage als junger Mensch
eindeutig mit Nein beantwortet:
Ich bin in einem christlichen Umfeld mit
der Betonung auf die Nächstenliebe groß geworden
und war Zivildiener in einer Zeit
in der man seine Gewaltfreiheit noch
argumentativ vor einer Kommission beweisen musste.

Dennoch wurde ich in der „heißen Phase“ meiner
Scheidung einmal so fuchsteufelswild, dass nicht mehr
viel gefehlt hätte auf eine tätliche Auseinandersetzung.

Seit damals weiß ich:
Auch ein friedliebender Mann kann sich so
stark „in ein Eck gedrängt“ fühlen, dass ihn seine
Wut und Frustration dazu verleitet
Gewalt auszuüben.

Durch mein langjähriges Engagement in der „White Ribbon Kampagne“, einer Männerinitiative gegen Gewalt an Frauen, (www.whiteribbon.at) weiß ich mittlerweile
wie viel Gewalt mit dem subjektiven Gefühl der Schwäche und des Unterlegen-Seins zu tun hat.

Das was wir bei White Ribbon den Männern vermitteln wollen – und was mittlerweile auch in „Coolness Trainings“ (klingt lustig – ist aber ein Anti-Gewalt Training) für Jugendliche angeboten wird – ist:

Ein Mann kann sich dieser Problematik bewusst werden und geistig einüben, in solchen Situationen einen anderen Ausweg zu finden als die körperliche Gewalt.

„Wenn ich einmal merke, dass mir der Kragen platzt, dann verlasse ich den Raum, gehe am besten raus an die frische Luft“ ist einer dieser Strategien.

Auch hier spielt jedoch das Thema „männliche Stärke“ wieder eine Rolle:

Ein Mann, der an dem Klischee „Ich muss stark sein“ unreflektiert festhält, läuft viel größere Gefahr, in einer Situation der subjektiven Schwäche die Nerven zu verlieren („Ich darf jetzt nicht schwach sein“) als ein Mann, der gelassen mit seinen eigenen Schwächemomenten umgehen kann.

Auch für das Thema der Gewaltprävention halte ich also die mythopoetischen Erzählungen von „Königen und Kriegern“ (siehe der Text über Männerseminare) für problematisch, weil sie das „Männer müssen stark sein“ Klischee verfestigen.

AKTIVE VATERSCHAFT

Männern, die Kinder haben
kann ich nur empfehlen, möglichst viel Zeit mit ihnen
zu verbringen.

Ich sage nicht, dass das immer eine harmonische Zeit ist.
Man darf durchwachte Nächte neben schreienden Kindern
nicht romantisieren - und auch Trotzphasen und die Pubertät
sind keine leichte Zeit.

Aber das Wichtige ist:

Ein aktiver Vater bekommt einen wichtigen Eindruck
von der Zerbrechlichkeit eines jungen Lebens.
Er erkennt, wie schützenswert kleine Kinder sind
und wie viel an natürlichem Umfeld zum Spielen
und Austoben ihnen in den modernen Städten
bereits weggenommen wurden.

Ein solcher Mann wird mit anderen Augen durchs Leben
gehen,
die Umweltprobleme wichtiger nehmen

und die Bemühungen um Frieden.
Denn wer einmal selbst die vielen anstrengende Stunden
mit der Pflege und Erziehung von Kindern verbracht hat
wird es nicht mehr übers Herz bringen
ein Menschenleben durch eine Waffe auszulöschen.

So etwas passiert zunehmend nur mehr in Kulturen,
in denen Männer durch ihre Abwesenheit von
der Erziehungsarbeit völlig desensibilisiert sind
für den Wert eines Menschenlebens.

Ein aktiver Vater ist außerdem ein konkretes Vorbild
sowohl für den eigenen Sohn als auch für die eigene Tochter.

Söhne von aktiven Vätern sind meist davor gefeit
in der pubertären Phase der Rollensuche
auf destruktive Vorbilder hereinzufallen
denen in Actionfilmen und Halbstarken-Cliquen
gehuldigt wird.

Und Töchter erhalten ein realistischeres Bild
von jenem Geschlecht, mit dem Sie wahrscheinlich später
einmal eine Liebesbeziehung eingehen wollen,

als jene Mädchen, die vaterlos aufwachsen.

Wenn Sie als Mann mehr Zeit mit Ihrem Kind
oder Ihren Kindern verbringen wollen,
Sie jedoch durch starre Strukturen
in ihrer Firma oder in Ihrem politischen System
daran gehindert werden
dann möchte ich Sie ermutigen,
sich für mehr Väterfreundlichkeit einzusetzen.

Viele Firmen haben bis jetzt noch nicht erkannt,
dass Maßnahmen zur Familienfreundlichkeit
Mitarbeiter an die Firma binden können
und viele Politiker haben offensichtlich
noch nicht erkannt
dass die einzige Wertschätzung für Familienarbeit
einerseits Ausgleichszahlungen für Väter (und Mütter-)Karenz
sind, die den Lohnverlust wirklich wettmachen
andererseits das eigene Vorbild:

Und hierzulande sah man leider noch nicht viele
Politiker in Karenz gehen.

HAUSARBEIT

Ob Männer Hausarbeit machen,
also putzen, kochen und waschen,
ist in vielen Ehen und Lebensgemeinschaften
ein konfliktbeladenes Thema.

„Faule Männer" haben oft nicht gelernt
einen eigenen Haushalt zu führen,
weil sie direkt vom elterlichen Haushalt
zu ihrer Frau gezogen sind.

Jedem jungen Mann tut es daher gut
eine Zeit lang alleine zu leben.

Wenn in Ihrer Ehe oder Lebensgemeinschaft
das „Haushaltsthema" ein Dauerbrenner ist
fragen Sie sich selbstkritisch
ob Sie nicht wirklich mehr tun können.

Die meisten Männer sitzen heutzutage in Büros
vor Bildschirmen
und es kann eine gesunde Abwechslung sein

jene körperlichen Arbeiten zu machen
die im Haushalt notwendig sind.

Natürlich gibt es dann noch die Diskussionen
wie die jeweiligen Arbeiten zu erledigen sind.

Vereinbaren Sie dann, dass sie einiges probeweise
ein paar mal ohne Anwesenheit Ihrer Partnerin
machen,
legen Sie Ihre Lieblingsmusik auf
und sprechen Sie nachher in Ruhe durch
ob Ihre Methode zielführend war oder nicht.

Auch Frauen müssen sich bei diesem Thema
manchmal von der Vorstellung verabschieden
dass sie der Standard für das „richtige Haushalten sind“.

Und Sie als Mann können besser argumentieren
wenn Sie sich auch dazu bereits mit anderen Männern
ausgetauscht haben.

Eher selten, aber doch, höre ich von meinen Klienten von
recht „unfairen“ Haushaltsdiskussionen:

Dann nämlich, wenn es zu einem früheren Zeitpunkt der Zweierbeziehung ein Agreement zwischen Frau und Mann gegeben hat, das dem Mann mehr Verantwortung für die Finanzen der Lebensgemeinschaft oder Familie zuteilte als der Frau.

Eine Frau, die aufgrund einer solchen Vereinbarung
nur Teilzeit arbeitet
oder gänzlich nur im Haushalt tätig ist
hat dann natürlich weniger Recht, vom Mann mehr
Beteiligung an der Hausarbeit einzufordern
(nur weil es gerade das Lieblingsthema ihrer Freundinnen ist).

SORGERECHT

Aktive Väter laufen auch weniger Gefahr
in Sorgerechts-Streitigkeiten um ihre Kinder zu geraten.

Wer jahrelang bewiesen hat, dass er sich
aktiv um seine Kinder kümmert,
dem wird auch geglaubt
dass ihm seine Kinder auch nach der Scheidung wichtig sind
während man heutzutage bei manchem Vätern
die sich in der Zeit vor der Scheidung hauptsächlich um das
Familieneinkommen gekümmert haben
(ich sage nicht, dass das kein ehrenhaftes Ziel ist!)
jedoch mit schmutzigen Windeln nichts zu tun haben wollten
den Eindruck gewinnt
sie entdecken ihr Interesse an ihren Kindern
erst nach der Scheidung von ihrer Frau.

FINDEN SIE GEWALT LUSTIG?

Eine besorgniserregende Tendenz
auf die ich vor allem Väter aufmerksam möchte
(aber prinzipiell jeden Mann)
ist die mediale Verbreitung von Gewalt
und das Prinzip „Wehtun ist lustig".

Nein, ich spreche jetzt nicht von den Zusammenhängen
zwischen jugendlichen Amokläufern und
Computerspielen, ich greife ein wenig weiter vor:

Unlängst sah ich im Kino eine Vorschau,
in der ein junger Mann gegen eine Glastür läuft
und zu Boden sinkt.
Während ich scharf einatmete und das
„Au, dass muss weh tun!" auf den Lippen hatte
lachte die Hälfte des (meist jugendlichen) Publikums.

Hier wurde eine Szene offensichtlich
von zwei Personengruppen unterschiedlich beurteilt:
Die eine Hälfte fand sie besorgniserregend
die andere lustig.

(Übrigens bestätigte sich, als ich mir später den ganzen Film ansah: Es handelte sich *nicht* um eine Komödie, und die Szene mit der Glastür war tatsächlich ein *Unfall* der zu einer Fahrt ins nächste Spital führte.)

Was will ich damit sagen?

Es gibt offensichtlich eine Generation von Jugendlichen, die mit einer „Wehtun ist lustig" Medienkultur aufgewachsen sind.

Diese Kultur gab es durchaus auch schon als ich ein Kind war – aber nur als Zeichentrick Serie: etwa Tom and Jerry.

Wer heute das Nachmittags-TV Programm aufdreht findet immer wieder Soaps, in denen junge Leute das Ärgern und Quälen anderer lustig finden.

Unglaublicherweise werden zunehmend auch Krimis und Actionserien an Vormittagen am Wochenende wiederholt in denen Menschen vor laufender Kamera getötet werden.

Es mag Ihnen altmodisch vorkommen,
aber ich halte das Thema für brandaktuell:

Die Gewalt in den Medien -
verkörpert zu 99 Prozent von Männern
(Verbrechern, Helden, Abenteurern, Soldaten ...) -
ist für immer mehr Jugendliche und Kinder verfügbar.

Wer heute eine Videothek betritt
sieht Regale voll mit finsteren Männergestalten
die auf den DVD-Covers möglichst große Waffen
präsentieren.

Und ich halte es für keinen Zufall,
dass diese „Actionfilme“ genauso wie die Nachmittagsserien
mit der „wehtun ist lustig“ Attitüde
vor allem aus einem Land kommen
das erwiesenermaßen sehr gewalttätig ist
und in dem der private Waffenbesitz zur Normalität gehört.

KILLERSPIELE

Aus dem letzten Kapitel folgt natürlich
dass ich auch den gewalttätigen Computerspielen,
den „Killerspielen" und „Ego Shootern"
ablehnend gegenüberstehe.

Und ich stehe dabei nicht an zuzugeben,
dass ich mir als Kind oft nichts sehnlicher wünschte
als eine Spielzeugpistole
(und sie auch bekam und damit spielte).

Aber uns war damals zu jeder Sekunde klar,
das wir nur spielten
und das das Spiel zu Ende war, sobald Blut floss.
oder jemand schrie, weil er Schmerzen hatte.

Der Unterschied zu damals ist
dass Jungs (und Sie müssen zugeben: es sind nur
männliche Jugendliche – und auch das sollte uns
nachdenklich machen) die Killerspiele spielen
es erträglich finden, Menschen sterben zu sehen.

Ich drehe noch heute den Fernseher ab,
wenn ich blutige Szenen sehe –
egal ob es in einem Krimi, einem „Thriller"
oder in den Abendnachrichten ist.

Ich bin der festen Überzeugung
das eine Kultur des „Erträglich seins" von blutigen Szenen
das Urteilsvermögen von Menschen in Bezug auf die Frage
wo Menschenrechte verletzt werden
und wo nicht, beeinträchtigen.

Und das beunruhigt mich zutiefst.

Denn es gibt auch schon Studien die bekräftigen
dass fanatische „Killerspieler" in Experimenten eher später
reagieren, wenn im Nebenraum jemand schreit.
Diese Jugendliche sind sich also nicht mehr sicher
wie ernst eine Situation in ihrer unmittelbaren Umgebung ist.

Stellen Sie sich vor Ihre Frau wird, während Sie nicht
zuhause sind in Ihrer Wohnung vergewaltigt und ruft um
Hilfe.
Hoffentlich ist Ihr Nachbar kein „Egoshooter"-Fan!

DIE VERANTWORTUNG DER MEDIENLEUTE

Wenn Sie als Mann im Medienbereich tätig sind
oder Leute aus der Medienbranche kennen,
haben Sie meiner Ansicht nach die Aufgabe
für eine friedlichere Medienkultur einzutreten.

Das gilt nicht nur für die Sendezeit von
„Thrillern“ und Krimis, sondern auch für die Nachrichten.

Zum Zeitpunkt als ich dieses Buch schreibe
hat man auch in den stündlichen Radionachrichten
des öffentlich rechtlichen Rundfunks den Eindruck
irgendwo säße ein Redakteur
der, wenn er noch ein paar Sendesekunden frei hat
verzweifelt nach einem blutigen Vorfall sucht:

Meist findet er einen Busabsturz in Mexiko,
einen Doppelmord in Indien
oder ein „Familiendrama“ im dritten Bezirk.

Diese Redakteure haben sich offensichtlich noch
nie damit befasst, dass das dauernde Präsenthalten

von Gewalt das Thema auch in den Köpfen der gewaltbereiten Menschen im Land präsent hält.

Und diese Redakteure enthalten ihren Hörerinnen und Hörern so manche ermutigende Nachricht vor, die sie im Alltag tatsächlich brauchen und sie vielleicht sogar zu eigenen positiven Handlungen motivieren können.

MIGRANTISCHE MÄNNLICHKEITEN

Wenn Sie ein Mann sind, der aus einem anderen Land
nach Mitteleuropa gekommen ist
dann möchte ich Sie ermutigen
die Männlichkeitskultur jenes Landes
aus dem Sie kommen
mit jener des Landes, in dem Sie jetzt leben
zu vergleichen.

Und wenn Ihnen das Land
in dem Sie jetzt leben
attraktiver vorkommt als das Land
aus dem Sie kommen
dann überprüfen Sie auch
ob das mit dem Geschlechterverhältnis in diesen
beiden Ländern zusammenhängen könnte.

Eine Kultur der Geschlechtertrennung
wie sie in so manchen asiatischen und afrikanischen
Ländern zu finden ist
hat ja oft zu tun mit einer Kultur
in der die Wahlfreiheit und die Demokratie

nicht so wichtig genommen wird wie hier.

Internationale Statistiken der UNO zeigen,
dass jene Länder, in denen die Gleichberechtigung
schwächer ausgeprägt ist
fast durchwegs auch die Länder sind
die einen niedrigen Lebensstandard haben.

Ich kann nur vermuten
dass der entscheidende Punkt wohl eine Kultur
der Wahlfreiheit ist:
Wo sie zugelassen wird - in der Politik, in der Wirtschaft und
in der Wahlfreiheit der Geschlechter – dort können alle
Ressourcen genützt werden
um den Wohlstand voranzutreiben.

Länder, die die Fertigkeiten und das Know How
der weiblichen Bevölkerung vernachlässigen
und brach liegen lassen
bleiben tendenziell arm.

HOMOPHOBIE ABBAUEN

Wer eine Abneigung gegen Homosexuelle hat
tut gut daran, diese negativen Gefühle genau zu hinterfragen.

Denn Homosexuelle tun niemandem etwas zu leide,
wer also etwas gegen sie hat, muss wohl psychologisch
ein wenig tiefer schürfen bei sich selbst.

Oft sind es Männer, die besonders „rigide", also besonders streng zu sich selbst sind, was Leistung, Stärke und Mut betrifft, die einen Schwulenhass entwickeln. (Denn dass die Gesellschaft durch Homosexualität aussterben könnte, glaubt wohl in Zeiten der Bevölkerungsexplosion niemand mehr).

Wie ich andernorts bereits erklärt habe
ist es also der Neid auf Dinge, die der andere verkörpert,
der Hass auslösen kann:

Neid auf die Weichheit, Passivität, Ausgeflipptheit
und Lustigkeit von Homosexuellen, die rigide Männer bei sich selbst verleugnen.

Eine besonders starke Ablehnung dieser Eigenschaften ist ja traditionell in Männerbünden zu finden, die stark auf Disziplin und Härte aufgebaut sind – also vor allem beim Bundesheer.

Gleichzeitig gibt es eine akzeptierte Körperlichkeit im Sport – wo sich etwa Fußballer ohne weiteres um den Hals fallen dürfen.

Wenn Sie diese widersprüchlichen Eindrücke überdenken und – noch besser – mit einem anderen Mann diskutieren erfahren Sie wahrscheinlich eine Menge über Faktoren einer Lebensqualität, die Sie bei sich selbst vielleicht noch nicht zulassen – aber zulassen könnten.

MACHT ABGEBEN

Wenn Sie beruflich ein einer leitenden Position tätig sind
und in Ihrem Unternehmen Konzepte zur Chancengleichheit
von Frauen und Männern eingeführt werden
(oft auch Gender Mainstreaming genannt)
sind Sie vielleicht auch irgendwann mit der Situation
konfrontiert
Ihre Position für eine Mitbewerberin freizumachen
oder auf die Bewerbung für eine noch höhere Position
zu verzichten.

Ganz egal wie Sie sich entscheiden,
denn ich weiß sehr wohl dass hohe Kompetenz
am besten in einer verantwortlichen Position aufgehoben ist,
würde ich mich freuen
wenn Sie sich mit dem Gedanken
„Macht abgeben heißt auch:
eine Last der Verantwortung abgeben"
anfreunden könnten.

Wer als Mann reflektiert genug ist

das Thema der Gleichberechtigung nicht auf einer
persönlichen, sondern auf einer sachlichen
Ebene zu diskutieren
(Zum Beispiel durch statistische Erhebungen: „"Wie groß
sind die Einkommensunterschiede genau in unserem
Unternehmen – wieviel Prozent der Führungspositionen sind
von Frauen besetzt?“)
erkennt zwangsläufig, dass der eigene Beitrag zu einer
Geschlechtergerechtigkeit manchmal Machtverzicht bedeutet.

Wer tatsächlich eine leitende Position abgibt,
oder sie teilt, sodass man die eigene Wochen-Arbeitszeit
reduzieren kann,
könnte mit einer stark verbesserten Lebensqualität belohnt
werden.
Mit mehr Zeit für die eigene Gesundheit und Sport,
für die Natur und Hobbys,
für die Partnerin, die Kinder oder die Eltern,
und für Männerfreundschaften.

Denn bis zur Pension zu warten
kann sich manchmal als Versäumnis von Dingen herausstellen
die nicht wiederholbar sind.

DOWNSIZING

Bescheidenheit kann für viele Männer eine ungeahnte Freiheit bringen.

Man nennt den Verzicht auf Dinge, die man eigentlich nur selten verwendet auch „Downsizing“
und ich möchte diese Strategie vor allem Männern nahelegen,
die im Lauf ihrer beruflichen Karriere
hamsterartig immer mehr angeschafft haben
vielleicht sogar ein Haus, für das noch Kredite zurückzuzahlen sind.

Manchmal tritt der Anlass zu einem bescheideneren Leben
Wende erzwungenermaßen ein durch Arbeitslosigkeit,
aber andere Männer sagen den Satz oft aus freien Stücken:

„Eigentlich brauche ich gar nicht so viel.“

Wenn die Kinder einmal aus dem Haus sind
lebt es sich auch in einer kleineren Wohnung recht gemütlich.
Und vielleicht braucht man in der Stadtwohnung
auch kein Auto mehr.

Weniger Fixkosten zu haben
kann die Unabhängigkeit von der Tretmühle
des Vierzig (oder mehr) Stunden-Jobs sein.

Nützen Sie diese Chance rechtzeitig – es lohnt sich!

KREATIVITÄT

So mancher Mann, der „aus der Bahn geworfen wird“,
durch eine Scheidung, durch Arbeitslosigkeit,
durch das Übersiedeln in eine neue Stadt,
hat Freude in einem kreativen Hobby gefunden.

Es ist nie zu spät, Gitarre spielen zu lernen,
Aquarellmalen oder Schnitzen
und es macht wirklich Spaß!

Immer wieder erzählen mir Männer von Hobbys
die sie als kleiner Junge ausgeübt haben,
oder von kreativen Talenten, für die sie damals gelobt wurden.

Es lohnt sich, diese kreativen Schätze zu heben,
auch noch mit vierzig, fünfzig oder sechzig Jahren.

„Mann“ muss nicht immer nur arbeiten oder
„etwas sinnvolles tun“. Man kann auch spielerisch
herumprobieren.

Für manche Männer wird ein zweiter Beruf – oder eine Berufung daraus!

Und oft werden Hobbypartner wirklich gute neue Freunde!

NACHWORT

Die Idee zu diesem Buch geisterte bereits so lange in meinem Kopf herum, dass ich es schließlich in recht kurzer Zeit niedergeschrieben habe, um das Projekt nicht ewig vor mir herzuschieben.

Ich befürchte daher, dass es teilweise ein wenig chaotisch geworden ist - und sicher werde ich mich im Nachhinein darüber ärgern, weil ein Thema fehlt - oder weil ich etwas besser hätte formulieren können.

Vielleicht ergibt sich in einer weiteren Auflage die Möglichkeit, Gedanken geschliffener zu formulieren - dabei wird mir auch das Feedback der Leser (und Leserinnen) helfen.

Wenn Sie das Buch querlesen - oder quergelesen haben - entspricht das durchaus seiner Entstehungsgeschichte und wird von mir also empfohlen.

Ich wünsche Ihnen, dass meine Gedankenanstöße Ihnen bei der Erreichung Ihrer persönlichen Ziele neue Wege eröffnet haben!

Peter Jedlicka

LITERATUR KEYWORDS

Schlagworte, die (auch) auf diese Publikation zutreffen:

Coaching mit Männern, Männer-Coaching, Männercoach, Männerberatung, Männerberatungsstelle, Männertherapie, Männergruppe, Männergruppen, Psychotherapie mit Männern, Männer in der Psychotherapie, Männertherapeut, Pornographiesucht / Pornografiesucht / Pornosucht, Sozial- und Lebensberatung, Lebensberater, Sexsucht, Bore Out, Boreout, Männer und Gleichberechtigung, Männeremanzipation, Männerbefreiung, Männerbewegung, Kritik der mythopoetische Männerbewegung, Kritik an Robert Bly, Eisenhans-Kritik, Robert Connell, Raewyn Connell, Masculinities, Männerforschung, Männlichkeitsforschung, Singlecoaching, Singlecoach, geschlechtssensible Arbeit, Gender-Training mit Männern, Gender Training Manual, Arbeitsmaterialien, Geburtstagsgeschenk für Männer, Geschenk für Männer, Weihnachtsgeschenk für Männer, Vatertagsgeschenk, Vatertagsgeschenke, Männer und Esoterik, Männerspiritualität, Männer und Spiritualität, Männerpolitik, Gender Mainstreaming, Gender Coaching, Singleberatung, Pornographiesuchtberatung, Pornosuchtberatung, Pornografiesuchtberatung, Sexsuchtberatung, Sexsuchttherapie, Computerspielsuchtberatung, Computerspielsucht, Gewalt in Computerspielen, Ego-Shooter, Jugendgewalt, Amoklauf, Amokläufer, Amokläufe, Frauenhaus, Frauenhäuser, White Ribbon Kampagne, Whiteribbon, Genderforschung, Gender-Forschung, Sorgerecht, Sorgerechtsstreitigkeiten, ... Scheidungsmediation, Scheidungsberatung

www.ingramcontent.com/pod-product-compliance
Ingram Content Group UK Ltd.
Pitfield, Milton Keynes, MK11 3LW, UK
UKHW040557210726
13854UKWH00008B/1380